desterro

desterro

Carmen Crespo

Colección MARTE 20

Poesía

desterro
© Carmen Crespo, 2024
© De la fotografía: Julia Sánchez Crespo

Colección Marte
Directora de la Colección Marte: Lola Andrés
Fundador de la Colección Marte: Francisco Benedito
Ediciones Contrabando
© Arial Artes Gráficas SL
Plaza Raquel Payà, 10. Bajo 2
46006 Valencia
www.edicionescontrabando.com

Primera edición: Abril 2024
Ilustración de la portada: Ramona Rodríguez
Maquetación: Esperanza Navarro

Código IBIC: DCF
ISBN: 978-84-128415-3-4
DL: V-1551-2024

Impreso en España - Imprenta Llorens

a Teófila Barroso Crespo, Ofa

…sino una lengua de cuyas palabras no conozco ni una sola, una lengua en la que me hablan las cosas mudas.

Hugo Von Hofmannsthal

…todo el cielo (y hay tantísimo aquí)

Georgia O´Keeffe

morada

una fina
y blanca veta   una
rendija de luz   allí será   *allí*
nuestra casa   nuestro
pequeño y
apretado cielo   — dime

                  qué lugar   qué

espacio para el dolor
tendrán
sus paredes   qué
gesto en
el paisaje trazará vertical o
lo extraño guarecido   — esa
breve contracción en
la comisura   — *desconocidas*

             maneras del

             amor   o

lo solo entre
acantilados   entre
floraciones que mudan agua para
entrañar

             ven ven   — decías

este
es el momento del
derrumbe   de
nombrar los sitios

del poema donde
desaparecer   *donde decir*

este lugar

desterro

…levantaban el campamento cuando la nube se alzaba por encima de la Morada, y si la nube no se levantaba, no marchaban.

Éxodo, cap. 40, v.36

siempre ganas de derribar esa puerta   donde espacio cielo arriba o   lo
íntimo cielo adentro   *ahí*   donde pierde cesura la voz   reposo hermanando
esas dos mitades   — lo de adentro y lo de afuera   intersticio o epitelio que
avecina corazón   — lo que aviene   *y saca de ti*

atrás quedó la espera   — paisajes hundiendo entre cirros   extendiéndose
como lenguas de aire   *eran señas*   carraspeo que huroneaba mundo   que
partía tus nombres y todos los nombres hasta no haber *más*   *aliento que
tu aliento allí*

ojo cuajando en un punto de tu ojo   *así*   te reconocías   con la voz abierta
con el pensamiento tocado por esas dos orillas   latido a punto de dar forma
latido a *puntonunca*   *de*

/fr. 2

te sostenías en el tanteo de la palabra que no llega   dando tumbos entre
incógnitas   entre vastedades que querrían ser sólo lino vacío   *quién eras*
al final de   *qué intemperie*   de qué estrella delgadísima la nostalgia comenzaba
a ser parte del éxodo

no había rodeos pasillos o meandros que te visitaran   *que te hiciesen lugar*

/fr. 3

no cercos   no líneas divisorias o lindes   sólo lento discurrir de *río sin agua*
ensanchadura que todo lo volvía surco

en lo alto   en lo fondo   *una pequeña vida*   una mata verde sobre todo ese
paisaje bombardeado   cosa bella e intacta que *desciñe*   — *morosidad*

y era el ojo dando forma a los fragmentos   adelgazándoles como hilo
buscando en ellos qué mar   qué risa *qué   olvido tras la arena*

/fr. 4

contemplabas ese cielo sísmico   ese corazón colonizado por otra vida   y
querías su brillo   *su salirse por la boca*   su hambre toda

dijiste   pequeño corazón   haz que temblor no acabe   que los pájaros
no sitien   que sangre no desvanezca para que tu cavidad no nos deje a
oscuras   dijiste   — *pequeño corazón   me reconoces*   ?

tú   tan arrebato   tan rojo *rojo*   tan horizonte movedizo

lugares muy juntos   pasajes que erguían más allá del cielo   que eran
revelación *allí* donde sólo luciérnagas aleteando extravío   era senda ese
desamparo   *horizonte esa hipérbole   en la que te afanabas*   *?*

ni palabras ni papel en blanco   sólo raíces muy prietas   algún esqueje
esperando respiración   quién dijo   tocar   morder   mirar   cuando
todo era en la desesperanza   cuando todo era en la carne o en su recóndito
latir   *cuando todo*   en latitudes extremas

tomar distancia   — dijiste   tomar el camino por donde no pudieran
atravesarte   desvío que te prolongaba   el que sólo *la Tú*

entonces aquellas llanuras   aquellos sonidos descampados bajo estrellas
mugido penitente que prolongaba a lo largo de las horas   halo de intensísimo
rumor

tocabas frente y corazón cuando aparecían las alas blancas   ella decía
piensa un deseo   y tú deseando *el allí*   y todo eran borrones
en papeles amarillos   nombres de lugares   atlas   *cuneta en la columna*
aquella que estalla en el cielo   la roja*roja*   la cola de cometa   *aquella   la Tú*

pero sería el error   la brújula descarriada quien te hiciese rodar   quien
te hiciese de nuevo *recogimiento o   fatiga*

/fr. 7

todo estaba ahí   un fino hilo sobre el fémur   no cicatriz o laceración
sino regato luminoso tirando a jacinto   hendidura hurtando carne   cediendo
paso a esa cosa sin nombre   *lo que desorden o   acero*

y tú   olvido   — para más lengua o más morir   apretado el puño como un
rosetón

/fr. 8

que no estar era perplejidad   que el regato era de veras   y tú mirabas hacia
abajo como quien no   *furia tuya*   *puentecillo de piedras tuyo*
alineada travesía procesional   — memoria   cerca   velo de la virgen   donde
un *no sucederse tú*   — *aquello*

quitándome de mirarte   de mirarte a *yendo a ver cómo*   olvido o valentía

/fr. 9

si estrella o lucero nunca supiste *sólo*   de la lejanía

qué inmenso es todo — pensabas   y tu voz tupía y abríase paso a empellones
voz que eran tintes   flores cavernarias   anzuelos palpitantes   que transitar
con ella hacia la nada no rehuía la caída o el vacío   sólo   rebosaba holgura

en cielo suspenderse   ir desmadejando para *sólo* decir

parecíanse a los atrios del corazón   quisiste entrar en ellos   escuchar sus
reverberaciones   aprender su lengua su   estupor   parecíanse a lo romo
del corazón   montañas rosas   rosas sus declives   aguas dulces e intensas
que no sabían como esperabas   que no sabías de *dónde*   *quién puso ahí*

también el lugar se sucedía   un rosario de asombrosa agitación   un ajetreo
dando paso al siguiente   a veces te pesaba estar ahí   *evitabas mirar*

deshacíase toda rosa   como en aquella aguada   no muy lejos de   *la Tú*

de la más temprana hora elegiste la *excéntrica*   aquella en la que cuajan
insularidades ajenas a la lengua   al amansamiento   a la domesticación
la hora túnel la raquídea   *la debacle* entre lo aún animal

ni audaz ni temerosa sólo sacrificio

reconocerte en aquel lugar en aquella hora y respirarte en sus resonancias
sus cruces *en la bestia misma*

/fr. 12

ser de allí y no de aquí   de aquel afuera siempre   de aquel desvarío que
pretendía ser lugar   *nunca tuyo aquel adentro*   siempre esa sed tironeando
de la lengua   agrandándose en ella   — carne detenida bamboleada   — *y*
así empujando pómulo o ladrido   ibas escabullendo rumbo   recogiendo
piedras blancas y violetas con las que reconstruir resurrección

hacer añicos lo que aparentaba respirar

/fr. 13

porque delante de tus ojos un temporal dispuesto a allanar las palabras   a
irrumpir   *en lo por decir*

venías desde una mitad (des)occidentada   tan precipicio   tan semejante a
lo que esconde el poema — a lo *que taja*   y era   *para ti toda*   esa desmesura
ese silabario construido desde el claroscuro   desde el ardor recién naciendo
ay las palabras   las que no tenías   confusas y sanguíneas en el intento de
aflojar cúspide   en el intento de reconstruirte otra

y si florecieran   *cómo revelarse entonces*   ?

/fr. 14

era lejano aquel fulgor   aquel tiempo que mordía sexo y boca   colisión
entregada al agua mientras tú *boqueando anzuelo*   braceabas hasta morir

pasaba calmo el cuerpo ante el ojo   tus pulmones creían ahogar toda la
incertidumbre a su través   situar   *entonces*   lengua en la hendidura
del respirar   branquia como límite entre ingle y corazón   *así*   *te partirías*

lo que de natural no era   *lo roto de aquella sed*   lo que habría de vaciar

/fr. 15

en el atrio reconociste los árboles   cuerpos de lo invisible de   *lo no suceder*
habían estado ahí   sus sombras aún sustentaban el bramido   el tarabusteo de
lo que alguna vez   y tú   - de eco en eco   arborecías obediente   arborecías
quebrándote a cada   rama a cada   nudo quebrándote

salir descaminando   *cuerpo repentino*

eran fiebre las palabras   detonadoras a boca*abierta*

en el estupor   en ese estar vacilante de la llama   ibas abandonando los
nombres de lo que fue   *postales bolindres yesquera reloj*   toda una tablazón
de palabras que dejaron su ceniza tras de sí   no sabías *qué* decían cuando
hablabas   no entendías ese sonido de lo ausente   ese sufrimiento repentino o
arrecife en la lengua   — instinto tallando paredes más allá de la glotis   más
allá del velo pulmonar *y ahí* en el eclipse del decir *la sola la   Tú*

se te hizo hondo el paladar con sólo suspirar   con sólo sostener lo que te
mira   *lo sagrado*

/fr. 17

fueron varias y desparejas las simientes   decidiste   *no elegir*

en esa travesía la sombra iba por delante   primero el juego de darle alcance
de perfilar con tu pie su hechura   *delimitarla*   después sobreponer   — dejar
atrás   no querías esa opacidad junto a ti   laguna poco a poco engulléndote
poco a poco convirtiendo poema en fracaso   porque las palabras pudiendo
predecir no lo hicieron   entonces   *para qué*   ?

espigar paso y   *rebasar*   escribir lo no dicho   *lo que no*

/fr. 18

mira por aquí   por esta ventanita   y el paisaje atirantaba la perspectiva
asumía forma de cuenco abriendo paso a tu ojo   imprimiendo *retinadentro*
ese lugar capturado por la luz   — lo que dejarías atrás   personajes al filo
espacios vacilantes   bocabajo   *otro hablar*

de todo en ese lugar en miniatura   *sobraban ojos*

como si desaparecieras   como si ese fino diafragma atajase el terraplén por
donde desvanecerse   rodante   cuerpo*escudo* donde capear el embate de
todo lo que escurría ante ti   las palabras   el poema doliéndose   la mirada
expelida   *horizontes*   que el titubeo de la luz desgajaba en acontecimientos
pequeños   *mirar a plomo volver   a mirar*

territorio que allegaba   que acometía con sus formas la forma del desaliento
canchales   charcas repentinas   una lengua para decir el amor o para
peregrinar hasta sucumbir   si derrotada *aquella* que presagiaste   por qué
entonces ese enmarañado empeño en el que inquietud de tal manera ardía
ese   *regresar acaso   por si última vez*   ?

como si (Dios) las hubiera dicho por su boca   esas palabras bregaban en ti
descubríanse como sigilo   como semillas sanadoras mientras cuerpo resistía

y si *no* existiera ese cielo   súbita forma del mirar *ese   acaecer suspendido* ?

/fr. 20

lo *rojo tuyo*   lo apenas meridiano   resplandor distante *casi*   de hogueras

amanecían océanos que procurabas atravesar   laberintos creciendo como buriles   escrituras venidas de muy lejos   *y tú*   *la sola*   te abrías a esa pureza   a esos andamios donde anidaban peces   centinelas de *qué* faro sin nombre   de *qué* aliento sin dolor

porque no bastaba imaginar hondeaste en las palabras   después en aquel
rostro entrañamente tuyo en el que certidumbres y cicatrices hallasen
respuesta   en el que miedo se dejase entrever

todo acaecía ante ti y *tú* sin parapeto   los brazos pegados al torso porque *no*
el ánimo   *no* los nombres de lo amado   *ocultos desgranándose*   diríase que
anidaban cerca de tu voz cerca de   la otra sien

fuese entonces horizonte lo que un día imprecisión

/fr. 22

y vosotras hebras vibraciones palabras   *adónde os habíais huido*   *?*

algunas cuestiones no cejaban en aquel *tú*   cada día orbitando   concediendo
nombres   como extrañar cuando *extrañar* era tu arpadura   cuando *arpadura*
era lo planetariamente amado   *si despueblas tú   lengua tú*

/fr. 23

lo repentino   lo accidental   como aquella tarde calle abajo o aquel reflejo
desencadenando tensión   *entre azar y rechazo dándose*   el error con
geometría de finitud o poema   llamamiento *o nada   salvo sólo la sagrada*

y aquello en que te empeñabas fue borrándose   dando lugar a otras sustancias
a otras perennidades   *adónde* entonces   *lo ignoto   lo que henchía*   ?

no decir lugar   no decir   *hasta dónde hasta dónde*   sino dilatarse hacia
lo interior   huida o regreso   preparar un acomodo donde corola o cornisa
donde pecho   *entre callar y callar*

/fr. 24

con el sol en los ojos   no cegada sino   *con el sol en los ojos*

lo que habría de urdir tu incendio desde lejos   palabras que forzaron talante   o
contradicción   humo estrechando pasillos donde nunca estuviste   donde no
quedaron sino pequeñas flores   — sépalos menguantes en las paredes   o
inquietud en encrucijada *tan   viva   tan   en derredor*

extrañar aquel ruido   aquella *mataura* llegada de adentro   volver a mirar
remirar   aquello *otro* que te invadía   un racimo de palabras   un rastro hondo
en la laringe — llaga o trajín   otra deshora   otra   herida volviéndose otra

y qué diminuta esa hoja desplomándose   destellada sobre hojarasca no era
daño sólo bosquejo de humus tomando tierra lo fértil del tumbo *el golpe*

alzarte vertiendo toda tu polvareda en el lenguaje   *ése* era el sendero
quedarte pasmada ante aquella soledad del árbol   su tronco cascarudo y
calloso   — su *vorágine anilloadentro*   los años circulares que nadie mira y
sin embargo *ahí estabas* participando de su eternidad o corrupción   de lo
solo y hondo del contemplar frente al pensamiento   permitir el error de la
entraña de la sola de *la Tú*

como cuando llegó la mañana a morirte su palabrería   — *sus hipérboles*
no fue entonces cuando entre volanderas comenzó el despertar   ?

sólo unas trazas   vacío en ojos cerrados   *la sacudida*

tantas veces el poema a punto de tímpano   tanto empeño por interpretar sus
roces   sus declives sus   *en vilos*   pero las palabras iban callándose unas a
otras   acercábanse a la pobreza   a lo doloso   al renuncio de tu antepecho
cuál el lugar   *el respiro entonces*   ?

y conmoverte por ese nómada aun siendo *tapia   con perspectiva de velo no me reflejo ahí* — pensaste   y tu ojo entretejía charco   daba cuerpo a ese diminuto mar de formas iridiscentes como moluscos   a esa estela de lo descorazonado acaecido   lo aún por comprender   *como nácar o   índigo o amarillo cromo o   palorrojo*   palabras rebosantes para nombrar   para decir la tormenta o   *el cielo también ahí*

te empeñaste en reconocer sus lejanías   *su habla*   ideaste signos   líneas isobáricas que uniesen monzones al sentido   lo mudo a   *lo real*

consternación lisa   secreta   algo así como la lluvia *o como   ensimismada*

incertidumbre que una vez nombrada se volvía más menuda   territorio
donde   *amor parecíase a   desterro*

el rompiente   *el maretazo de*   tus palabras no terminaba en tus palabras
eran trayectoria   desbocamiento de un cuerpo otro mirándose adentro de los
ojos   un cuerpo que pedía una fascinación o riquezas como   una cicatriz
un relámpago   desatino o   boca sin aire

tuviste que inventar una   *nueva empuñadura una   sangre una   lengua nueva*
que fuese incontenible   torrencial

/fr. 29

nunca te sentiste *más acasos* más andaduras que en aquellas   elongaciones

hacia donde esa orografía íntima   apátrida   te hallase refugio   hacia aquel
árbol repleto de colmenas que eran deseo   la búsqueda de un nueva piel   de
una nueva posibilidad en la roncha   *en lo nodular*

/fr. 30

en el poco sol   en el corazón de la espesura   hociqueando en la broza
regalándote los peces   ojos de obsidiana la tarde en que *te   naciste*

quién sabe si aquel animal que bebía del río   tan ensimismado   tan
blanquecino   no desaparecería a cada trago   a cada ruido de *la boca*   y sin
embargo *tú   siguiéndole con el sentido*   cada desplazamiento cada   onda
suya en el agua eran caos para tu ojo   pesadumbre por   lo incomprensible
tozudez en lo aún *por   revelar*

donde la última vez una cierva   aguacero de flechas   *lengua a orilla*

/fr. 31

raspadura sobre lo escrito   estrías   línea quebrada para *un   no decir   qué*

déjate misma tú   donde esteparia la arena desfonda ojo y encrucija boca
hemisferio a donde huyen las palabras   *un nuncallí* tan blanco   tan lleno
de ríos y sonajas   *la siempretuya orilla*

cuántas veces la lengua gimiente aferrándose al engaño del mirar   cuántas la
acorralada   *la sola animala   la entumecida tú*

eran palabras sueltas   *notas al sesgo*   chispeo de pájaros sobre los tendidos

a los cielos *tú   mirando*   a esas líneas que bordeaban criaturas   un rubor
una súbita intención de escape   algo así como un corazón encogido o
médula luminosa   *y ahí tú*   preguntándote por *dónde* seguir   *qué* callados
pasos   *quién* bajo la sombra

y eran una ría en el pecho   desembocadura de voces desguarnecidas
desprendiéndose   ahogándose mientras *tú   muriéndote en ellas tú*
muriéndote ahí

/fr. 33

acompañaban aromas   flores tubulosas   *daturas*

o era delirio o era sueño   en torno a ti lo impermeable   lo desierto puro y vertebral   lo enteramente tuyo en esa luz sin fin   en ese cuerpo prófugo para siempre robado de   los ojos

no hacían falta los cerros   ni los canchos   ni los regatos   únicamente la sombra de una encina   *su sola condición de reposo*

/fr. 34

cómo no ver aquellos paisajes   cómo sustraerse a su sonoridad   a lo
puramente audible   al ruido de las modestas presencias bajo los pies   su
facilidad para el escondrijo   para el cuerpo y la sangre   *cómo no*   ?

no era la impotencia la quebrantada   era   *la Tú*

y de repente el velo   manto que todo cubría   sombras   pájaros   remolinos
de piedras   fragante cuerpo a cielo abierto   agudísima boca a punto de
arqueo o a punta de flecha   *sutura de carne o fruto lengua*   dando luz a
lo que agonizaba

ni siquiera sabías de dónde ese soslayo   de dónde *ese*   *ver como nunca*
instante súbito de percepción   atisbo o destello   *futo*   — leíste en algún
lugar

eran pequeñas cesuras *tú* *evitando el daño tú* haciendo lejanía de   lo acá

/fr. 36

aquella extrañeza   hojas de aspidistra   caían regueritos de agua por sus haces
si la pena hija   si la pena   y tú por la baranda   de puntillas   para más cerca
de su mano

estaban de antes   aquellas mimosas siempre fueron allí   arborescencias como
vidrios que se hacían sonar   eran éxtasis o   *luces de veras*   invenciones
de niña *y   cielos   altos cielos*

luego cipreses   tormentas al tajo   ese vino que *sólo*   *beben los elegidos*

/fr. 37

que altas torres caían   *y si fueran cometas*   *y si fueran*   *?*

y en esas distancias fuiste abandono   memoria de lo suspenso   desacordada
piel del poema   — de lo raro del poema   aquella fantasía tuya como
mordedura echada a la vértebra   *la Tú* acuciante   *la sola tú*   exceso o
vanidad impidiendo luz donde relente o témpano para así   *de lugar en lugar*
así   repetir

arenas fugaces   abandonadas por el agua   algo precioso abriéndose paso
algo abriéndose adentro   *misteriosamente*

quiero — dijiste   y eran pequeños interludios   como esas imperceptibles
ausencias entre marea y tierra   esa morfogénesis de memoria en pausa
que te desplegaba a cada deslumbre   una *tú* orientando ojo   una *bocaviva*
tomándole voz a la palabra   al flujo mismo de la extrañeza

y sin embargo ese cansancio   ese cerco vivo aún   raíz poderosa   *jirones de
hueso   flores*   la parte blanda de la tierra   un *no caer   no*

/fr. 39

y *tú* dándole vueltas a ese verso de Ilse   un ir y volver a esa cuestión que
dejaba raeduras en la garganta   *azar que ungía*   que mordisqueaba tu
desorientación o tu pólvora   límite trazado entre incandescencia y rastrojo
entre poema y lengua   *una tú* siempre en búsqueda   nombres lugares que
no habrías de repetir   asperezas la posibilidad de extinguirte en la réplica o
en ese   *y si acaso*   *todas las hierbas heladas*   ?

esclarecían hojas a través de la escarcha   sus nervaduras rígidas
cenicientas en esa hipoxia tempranera   si recorridas ya todas las cunetas   si
desbrozados sus derrumbes   *qué*   *les quedaba*   ?

aunque no te eligiesen   aunque boca prieta en dolor   *tú*   *perseverando*

/fr. 40

ese extravío que sólo   ella oye   y la mirabas con un sigilo de distancia   con
esa transparencia en la que se contenía   tormenta   metamorfosis   carbón
último o   *hambre largamente sola*   una seña o aquel   *vete tú   a saber*

era entonces cuando ardías   cuando fiebre *cuando   extrañamente   estancia*

lo que escondías en papelitos amarillos   diminutos *porsiacaso* estrellando
entre parpadeo y parpadeo   lo sin precio de la niñez o *sólo   corazonadas*

/fr. 41

te hablaban mimbres   ríos aislados   minúsculas resucitaciones que prendían
entre *lumbres rosas o rosas arcillas*   pequeños cruces entre cuerpo y lugar
lo que tocaba o era tocado   como antes de la lengua o antes de   los ojos

un aquí   allí   o un allá   tórax resonador lleno de arritmias   de percusiones
nuevas   encina fragmentando *palabradentro*   cuajándose de materialidades
de instintos recién llegados   lengua cáustica   donante   — *casi como morirse*

tan llena de lapsos de   *trechos tú*

qué habría de dolerte más que un *no* volver a caminar   y *la Tú* creyéndose ave   sobrevolando dehesas   deteniéndose ante las voladuras del hueso que aún brillaban inmáculas   pedernales pequeña luz   *esos*   *violetas feroces*

a veces las palabras huían   *eran repulgos*   pliegues cuajando

sentíase aquel trasiego invisible *como*   *invisibles ojos*   tumultos como sajaduras *de*   *una otra*   desórdenes   corazones preñados de años de millones de años   antorchas esferas   — aquella   caverna tuya

/fr. 43

eran inclinaciones   resonancias   desvíos del discurso donde cuerpo
farfullando huella   asomos   holladuras de algún desplazamiento

así vertíase voz   horizonte no humano   asperezas expeliendo lengua en
profundidades que no te pertenecían   *un rasgar un   trasteo* sobre el costado
de lo escrito   ancha cadena o franja celeste   asechanzas   manantiales
serpenteando territorios de ausencia   *aquellos   lugares nonatos*

a apretar boca venías   a identificar ese aire frío   esa perplejidad llegada de
lejos aquella   deriva tuya *responso o   espada sobre la   cabeza*

/fr. 44

un enjambre de animales en tu sueño   primero bajo el agua   más tarde a
orillas de ti   azuzándote confín adentro   *circundándote así*   por encima
de   los ojos

palabras no reveladas   de lugar en lugar buscándose   íntimas como ángeles
incestuosos   como saetas dispuestas a la carne o a la lengua   palabras
pasadizos cegados por   *la boca*   *por el saqueo de*   *la boca*   qué
titubeos entonces qué   cincel abriendo pecho*adentro* para nombrarte   *qué
amor ése*

porque aquellas incursiones capaces de adentrarte   — capaces del rompiente o
del pájaro   recreábanse en parloteo o ruido   música desperezando en medio
de un pecho entumecido   en medio de un dolor dúctil e inesperado porque
en torno   tan sólo en torno   la vida

/fr. 45

estremecida aspereza   vagabundeo tras las palabras sin comprender sin
saber   *adónde*

y mientras tanto otros ecos   otras estaciones irrumpiendo en tus diluvios en
tu boca sellada por la noche   se repetían ante ti   *desmayábanse*
deslumbrantes   resonancias que deslizaban en busca de un primer contacto
o desnudez   *ahí*   donde carne aviva pecho o sólo   carbón ardiente

que parecíase a espuma o a espina   *espina de la una de la Tú voz poca*   que primero habrían de ser las margaritas blancas   luego las amarillas y púrpuras   finalmente *lo rojo*   campos de inflorescencias pequeños lúpulos preñándose de lumbre   *ay niña   la voz   la voz que a tu boca*   que a tu roce rizomas   ramas   *aves abandonábanse*

y encontrarse con un alma ausente   alma del otro lado del   *nacer*

entonces *dónde* prendía esa voluntad   esa sordera planetaria   *dónde* esa invocación al silencio   a los ojos por abrir serpenteando   poema que insinuaba boca *muy cerca de*   *la boca*

/fr. 47

aquí   casi aquí   nombres repitiendo   *nombres*

no estorbaban los tendales   las encinas o   los aljibes secos   estorbaba el
lugar apaciguándote en su exilio   *en su soplo de gracia*

siempre buscando   siempre en ese gesto de arpegio mudo   un quererlo todo
antes de maldecir o arrojar el cetro *un   sácame de aquí sácame   de aquí*

apretaba aquel aliento   aquella memoria súbitamente cielo o confusión

cerrar los ojos quedamente   cerrar los ojos y revivirte en aquella
deflagración   corazonada impulsándose en *la Tú*   *(des)entrañando*
desatándose por si en aquella tarde sucederte de nuevo   por si en aquella
tarde ternura o   retorcimiento

tendido el cuerpo *el adentro del ser   desafiando*

/fr. 49

a veces encontrabas la luz del día   la toda luz   o casi

que no faltase el tiempo   siempre   contigo siempre   que no abandonase el
habla tu única vida   *la fuera del mundo*   dejarte oír   *dejarte   oír*

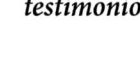

testimonio

celando aura o secreto   *buscándose entre sí*   todavía

…y ahora nos toca ser.

MARA LARROSA

agradecimientos

por el regalo que siempre es regresar a las palabras de quienes admiro me he tomado la libertad de imbricar algunas de ellas en este *desterro* mío

con reconocimiento honestidad y

gratitud

como si Dios las hubiera dicho por su boca, Agustín de Hipona
vino que sólo beben los elegidos, Rabia Al-Adawía
todas la hierbas heladas, Ilse Aichinger
en torno *sólo la vida (en torno sólo estaba la vida),* Pier Paolo Pasolini
sácame de aquí sácame de aquí, Isel Rivero

mi agradecimiento también a Lola Andrés y Manuel Turégano que confiaron en estos textos y sin cuyos pareceres cariño y aliento este libro no sería lo que es

y a mi hija mi familia mi gente querida *gracias y mil gracias siempre* por la vida y el amor que nos acompaña

índice

Este libro terminó

de imprimirse en Gráficas Llorens (Valencia)

el mes de abril de 2024